Couverture inférieure manquante.

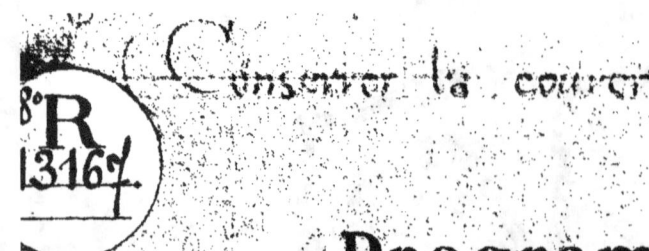

Programme

D'UNE

Science Idéaliste

OU DES HARMONIES QUI FONT LA *BEAUTÉ*
DANS LA NATURE ET L'ŒUVRE D'ART

PAR

Maurice GRIVEAU

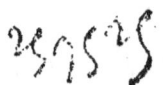

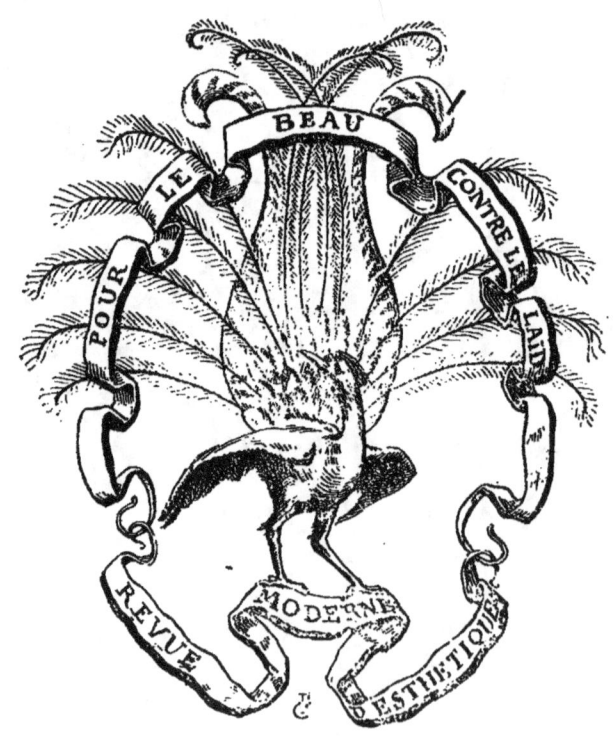

PARIS

CHEZ TOUS LES LIBRAIRES

—

1896

PROGRAMME

D'UNE SCIENCE IDÉALISTE

A LA MÉMOIRE DE MON ONCLE

LE COMTE LÉOPOLD HUGO

MEMBRE DE PLUSIEURS SOCIÉTÉS SAVANTES

SOUVENIR DE MON DEUIL ET DE MA GRATITUDE

Programme

D'UNE

Science Idéaliste

OU DES HARMONIES QUI FONT LA *BEAUTÉ*
DANS LA NATURE ET L'ŒUVRE D'ART

PAR

Maurice GRIVEAU

Auteur des « Éléments du Beau », de « Science et Poésie », etc.

———

« Rien ne peut être aimé ou haï, si l'on
n'en a d'abord la connaissance... L'Amour
est d'autant plus ardent que la connaissance
est plus certaine, et cette certitude naît de
la connaissance *intégrale* des parties, qui
unies ensemble, constituent le *tout* de la
chose qui doit être aimée. »

LÉONARD DE VINCI.

« La netteté d'esprit cause aussi la netteté
de la passion ; c'est pourquoi un esprit grand
et net aime avec ardeur, et il voit distinc-
tement ce qu'il aime. »

PASCAL.

PARIS

CHEZ TOUS LES LIBRAIRES

—

1896

ESPRIT DE LA NOUVELLE SCIENCE

IL y a un mot qu'on entend, en ce moment-ci, et qu'on lit un peu partout : c'est le mot d'*Esthétique*. La chose qui répond à ce mot est, comme on dit, « dans l'air ». C'est une de ces graines ailées qu'on voit flotter, l'automne, voltiger capricieusement çà et là,... elle passe devant vous, on s'amuse à la saisir, on la trouve jolie ; puis on souffle dessus, on la rend au vent qui vous la donnait... Et c'est fini. Qui s'avise, en ce siècle pressé, de l'entr'ouvrir pour regarder ce qu'il y a dedans ? ou de la semer dans la terre, — ou même de songer que cette chose minuscule, qui tient si peu de place, est un arbre « en puissance », un bel et grand arbre aux larges ombres ?

Car, il faut l'avouer. Malgré Kant et Hégel, en dépit de Cousin, Jouffroy, après Taine, Guyau, Spencer, etc. — une science du *beau* est toujours en question. J'entends une science positive, et libératrice à la fois, à laquelle le monde puisse croire, et qu'il puisse remercier de ses bienfaits. Le champ de nos désirs s'est étonnamment élargi. Cette fin de siècle qu'on dit si lasse, elle veut tous les bonheurs, même celui de la vertu, qu'elle n'a pas essayé encore. C'est beaucoup, à la vérité, que d'être préservé de la rage, de la diphtérie, de voyager commodément et vite, de pouvoir communiquer avec les antipodes par un câble... Nous autres, au seuil du vingtième siècle, aspirons à quelque chose de supérieur encore. Oui, nous tous, plus ou moins, sentons que le progrès matériel, en rapprochant de plus en plus le but immédiat de l'effort, va créer un vide au-delà... Déjà l'homme moderne, gâté par l'Industrie, la Médecine, comblé de bienfaits par la Science, se retourne contre la Science avec un certain dépit : il n'est pas encore satisfait, il lui faut le bienfait suprême (1).

Qu'est-ce donc qui nous le conférera ? — La *Science* justement, mais la science autrement entendue qu'elle ne l'est des savants. Ici j'élargis le cercle du mot *Esthétique*, je démolis la ceinture de bastions qui l'étrangle, — je prolonge la cité du *beau* par des faubourgs, je lui fais coucher la campagne.

(1) Voir : « *La Science en faillite et la Science infaillible* », par l'auteur, Roger et Chernowicz (et galeries de l'Odéon).

Il se trouve que ceci n'est pas seulement métaphore. Car si la base de mon Esthétique est une synthèse des connaissances pour le compte de la Beauté, son moyen de démonstration est un regard sur la Nature. On s'aperçoit toujours, à certains moments de l'histoire, qu'il faut revenir à ce Livre, et toujours, quand on y revient, on y trouve des feuillets non coupés... Qu'il est traité négligemment, ce Livre ! Les uns se contentent, en enfants, de regarder les images : ce sont les dilettantes du site, de la flore, des formes et des couleurs, minérales et vivantes. — Certains les copient d'enthousiasme, — les peintres. — D'autres, cependant, passant sur l'illustration polychrome et polymorphe, qui en font un précieux missel, plein de Dieu, se donnent tout au texte. Naturalistes ils s'intitulent. Et ce terme, je trouve, est trop grand pour eux. Ils nous racontent la « lettre » de l'Ouvrage, dont les artistes nous restituent l'image. Et, par cette division du travail, voici le beau livre incompris — heureux quand il n'est pas dénaturé dans son interprétation !

« La Nature dénaturée ! » — voilà le fait dont nous nous indignons, et contre lequel nous avons juré de réagir... Dans les manuels de physique, la lumière libre et rayonnante au dehors est captée : un héliostat la guette au passage, une meurtrière percée dans le mur du laboratoire en dérobe sournoisement un faisceau, les savants lui font étaler en ordre ses couleurs, — laissant aux rêveurs l'arc-en-ciel. Le pli de la spécialisation est si bien pris, que ce rayon lui-même n'a plus droit de cumul : accaparé par les physiciens, il revêt je ne sais quel aspect solitaire et pédant, qui nous empêche d'y reconnaître un frère des rayons libres, de ceux qui pleuvent en plein air, sur les terrains et les feuillages. — L'équation des longueurs d'onde n'a pas détruit la poésie, comme on le dit souvent ; ce n'est point cela. Mais notre attention s'est dissociée : un groupe de nos fibres cérébrales vibre à l'évidence du fait ; un autre groupe, exclusivement, résonne à sa beauté. — Et il en est ainsi pour tous les chapitres de la physique, pour tous les chapitres de la science. — Dans le « précis » d'Acoustique qui nous a révélé le son, qui de nous, pauvres écoliers, a tressailli d'un pressentiment de musique ? Longtemps, — quotidiennement, on nous fit asseoir sur des bancs, promener notre esprit sur des ruines romaines, déchiffrer d'antiques inscriptions, vivre avec des morts, en somme. Et quand l'éternelle Nature vint sourire, un jour, à nos fronts de collégiens, nous n'y voulions et pouvions y voir que des bois sacrés, des gites d'Hamadryades, des ruches virgiliennes, ou des caps philosophiques où Platon manque pour dissé ter. — L'écolier voit la nature, il voit le monde au travers de so...ain ;

mais, par contre, il ne les voit pas au travers de sa physique. Nos
maîtres littéraires nous donnèrent en effet, une somptueuse idée des
anciens ; nos maîtres scientifiques, une piètre idée du Cosmos. Et
sans agiter la question de savoir si la conception des harmonies
dans le *Cosmos* n'est pas plutôt *éducatrice* que celle de l'ablatif absolu
ou du rythme de la phrase cicéronienne, — faut-il avouer que l'âme
de nos enfants n'est pas mieux préparée au *Beau* qu'elle l'est à la *vie
positive*. Encore un coup, la science est desséchée, la nature est
dénaturée.

Le résultat ? — Un coudoiement banal, sinon hostile, en notre
vraie vie d'hommes, — d'artistes et de savants, de médecins et d'in-
génieurs. Ce n'est pas la faute des métiers, qu'il faut spécialistes
à coup sûr ; une heure de philosophie pour un avocat, c'est
du temps volé au Palais ; une heure de botanique pour l'homme
du monde, du temps perdu pour les devoirs de la mode, pour les
commandements du plaisir. On n'est en droit d'exiger aucune beso-
gne étrangère aux ouvriers d'une manufacture où A coupe le fil de
métal, B perce le chas, C lime la pointe d'une aiguille. Mais la faute
est à ceux qui, prenant nos fils dix années, ne trouvent pas moyen
durant ce long fermage du cerveau, de leur donner une culture utile.

Une culture utile ; je prends le mot au sens à la fois égoïste et
social. L'homme vit parmi la société, et devant la Nature. La société
lui montre tôt de perpétuelles discordances, tandis que, dans la
Nature, tout se révèle harmonie. Pour peu qu'il ait d'esprit, l'humanité lui apparaît comme un orchestre maladroit qui répète toujours, sans pouvoir réaliser le morceau, tandis que muet, sur les
pupitres, le chef-d'œuvre offre, dans sa notation symbolique, le
modèle idéal et définitif.

L'*Esthétique*, telle que nous la voulons, peut se résumer en ce principe : que l'homme ne sépare point, dans son esprit, ce que Dieu a
réuni dans le monde. Tout est là, dans un respect de la grande et
magnifique Unité. — Il est *une* Jungfrau, bien que le peintre y voie
un miroir du couchant rose, — et le géologue, un redressement de
roches éruptives ou sédimentaires. — Il est *un* fleuve d'Amazone,
malgré qu'on le prenne, un moment, pour un vaste ruban d'argent,
et le moment d'après pour un « chemin qui marche ». — Nous
avons en la tête deux images d'une chaumière : une utilitaire, abri
pauvre, qui craint le feu, — une idéaliste : accessoire pour un paysage. Prenez la nature en gros comme au détail. C'est le dieu
bifrons. Une face nous sourit ou nous menace ; l'autre nous avertit,
nous enseigne. J'ai le projet d'un dictionnaire où tous les mots de

la langue s'offriraient ainsi, médailles dont la face est décorative, et le revers — documentaire. *Sapin*, par exemple : harpe éolienne végétale — et magasin de planches. — *Trèfle* incarnat : champ de pourpre glorieux — et fourrage coté. — *Haie vive* : cage de fleurs — et clôture économique. — *Moulin* : motif de tableau hollandais — et moteur atmosphérique pour écraser le grain. — *Visage*, une jolie façade qui reflète la vie intérieure — et rendez-vous commun des organes des sens.

Il faudrait en venir à l'*Art* pour trouver un objet qui ne cumule pas, et n'ait qu'une fonction, celle d'être *expressive*. Et encore sera-t-on forcé de traverser l'Architecture, qui nous couvre, tout en posant, et la Céramique, et tous les Arts du décor, qui sont en même temps de l'*usage*.

La synthèse de ces fonctions, l'idéale et la positive, étant faite dans notre esprit, on peut dire que nous sommes au *point*, et que nous voyons les choses comme elles sont, non pas telles que nous les voulons. Le problème de la beauté reçoit de là grande lumière ; car il faut admettre que dans un sapin que je qualifie d'harmonieux et de pittoresque, et que mon garde-forestier traite d'essence résineuse, il n'y a pourtant pas autre chose qu'un sapin, c'est-à-dire un tronc rougeâtre, écailleux, rectiligne et grinçant sous le vent, des rameaux droits et des feuilles en aiguilles. — Il faut bien, s'il est une Logique, que l'effet « pittoresque » qu'il me fait tienne, originairement, à la direction de ce tronc, à sa forme, à la couleur de ses feuilles, au bruit qu'y fait le heurt du vent, — à tous les traits, en somme, qui font qu'il est sapin, et non pas châtaignier ou frêne... Il est vrai qu'il y a mon esprit et celui de mon forestier, qui conforment chacun l'arbre — ou le déforment à sa capacité propre. Un et indivisible est cet arbre ; mais son image, pour ainsi parler, est tirée à vingt, trente, mille exemplaires, — autant d'exemplaires que d'esprits.

Ceci d'ailleurs n'infirme en rien notre thèse ; en effet, quel que soit l'angle sous lequel nous voyons les choses du dehors, nous en tirons toujours à la fois un *document*, et une *impression*. L'un et l'autre sont sujets à se déformer, en passant par le prisme de l'imagination, du sentiment. On connaît des illusions scientifiques, et des poétiques. Il n'en reste pas moins ferme que l'original expressif est un, et qu'il se dédouble en nous-mêmes. Rayon de lumière blanche qui diverge en deux rayons colorés et complémentaires.

* *
*

Rayons complémentaires, voilà bien la figure qu'il me fallait. —

La Science et la Poésie sont, vraiment, des complémentaires, si l'on nomme ainsi deux parties inégales et séparées d'un tout qui, se joignant, reconstituent ce tout.

Connaissez-vous l'histoire de ces fossiles que les premiers observateurs élevèrent à la dignité d'*espèces*, croyant avoir affaire à un tout ? — Et plus tard, la trouvaille d'une pièce qui s'ajustait à l'objet força les deux individus à se fondre en qualité d'organes dans une seule catégorie spécifique.

Ainsi des espèces de beauté, — des espèces *esthétiques*. Elles n'ont pas d'existence isolée, mais naissent de la conjonction de l'objet — de son image au moins, avec celle de notre état d'âme. Je dirai : le *beau*, ou le laid, c'est une image du dehors qui se mêle avec un état d'âme, au dedans. Le sapin se dessine, et s'enlumine en mon cerveau. Je le vois, je sais que c'est un sapin, et nul ne discutera même le plus fin détail que je verrai — sauf la nuance peut-être. Mais l'image du sapin vient frapper un miroir clair ou terne, uni ou bosselé, petit ou grand, fin ou grossier de texture. Une haleine de mélancolie peut le brouiller : je le verrai triste, inquiétant, — rasserénant et gai, si la glace est nette, et lustrée de contentement intime.

Il résulte de cette vue, la seule complète, que le problème esthétique n'existe pas à part. C'est l'entrelacs de deux problèmes et de deux questions antérieures : une *physique*, sur le monde extérieur, telle que la science le constate, — une *psychique*, sur le monde intime de la pensée. — *Cosmos* et *microcosme*, auraient dit les scholastiques. Je ne sais si nous sommes un « roseau pensant », comme le veut Pascal ; mais je sais bien que nous sommes un *prisme réfractant*, et que de tous les prismes humains, il en est de plus ou moins bons, de plus ou moins purs.

Science cosmique ou naturelle d'une part, science psychique ou spirituelle de l'autre, ainsi se décompose cette étude qu'on nomme *Esthétique* : mais si l'Esthétique rentre ainsi dans le cadre des sciences connues, elle peut et doit être considérée comme le nœud qui les réunit. Ainsi l'ogive naît de l'intersection de deux cercles ; elle comprend dans son périmètre la portion commune aux deux cercles, et laisse le reste en dehors.

Tout le domaine qui s'étend entre la nature extérieure et la « nature humaine » appartient donc à l'Esthétique. L'histoire d'un être vivant, plante ou bête, intéresse le naturaliste, comme l'histoire d'un rayon lumineux intéresse le physicien, comme l'histoire d'un navire, l'architecte nautique. Mais si la plante, ou l'animal, touche de son orbite l'orbite de notre vie affective et sentimentale, si le rayon de lumière, dépassant nos centres visuels, ébranle une fibre de notre âme, — si le navire bon voilier, fendant les ondes de sa proue, se fait oublier comme engin et nous parle par son profil, — alors, dès ce moment, plante, animal, rayon, navire, ressortissent à l'esthéticien. Et celui-ci devra faire successivement deux métiers, puisque chacun de ces objets a deux fonctions : il étudiera la plante en botaniste, le rayon en physicien, le navire en ingénieur... Puis, s'incàrnant psychologue à son tour, il scrutera les impulsions, aspirations ou répugnances, qui nous peignent telle fonction des corps favorable ou fâcheuse, et nous fait saisir, dans les formes, des concordances ou des discordances avec notre propre nature.

Ainsi comprise, l'Esthétique devient *croyable*, parce qu'elle ne part plus *exclusivement* soit de notre esprit, — où le *beau* se mesure à la valeur du jugement, soit de la nature, où ce *beau* se mesure au mérite intrinsèque des choses. On discute de la beauté, mais on ne pourra discuter sur les caractères positifs, cosmiques ou psychiques qui concourent à la former. Au fond, ce mot de *beauté* nous est un leurre. C'est, comme le mot *lumière*, une abstraction confondant l'agent qui donne et l'organisme qui reçoit. Ne dites pas : « la belle lumière ! » — l'expérience m'apprend que le foyer qui brille au dehors, qui rayonne, plutôt, et votre rétine qui sent — sont deux facteurs indépendants. — Le rayon rouge n'existe point pour un œil daltonique ; inversement, l'œil normal peut avoir un *phosphène*, c'est-à-dire la vision de la lumière sans lumière. N'avons-nous point, au fond, des mouvements d'amour sans objet, tandis que la plus séduisante figure peut nous laisser sans amour ?

*
* *

Si l'Esthétique que nous appelons *bilatérale* résiste au scepticisme, elle échappe encore au reproche d'être inefficace et stérile. La notion objective de *perfection* remplace en effet ici toute théorie subjective, c'est-à-dire bâtie sur le sable. Et d'abord l'objet expressif exprime plus ou moins bien sa fonction ; — il exprime une fonction plus ou moins basse ou relevée. Ensuite, le sujet impressionné sent plus ou moins fortement; il sent plus ou moins juste. — Ces faits sont rigoureux ; l'Esthétique n'aura plus qu'à les unir en un rapport : ce rapport sera le *beau* ou le *laid*. Une femme se voit laide en un miroir. Cela peut tenir évidemment au miroir, ou à celle qui s'y mire. C'est le visage qui est déformé, — ou c'est la glace. Ce dernier cas est très fréquent chez ceux qu'on nomme « philistins », et qui par une impertinence outrant encore leur mauvais goût, rejettent sur un chef-d'œuvre le défaut de leur propre lentille.

Dès lors qu'elle cherche l'*harmonie* dans les deux facteurs de la beauté, l'Esthétique est émancipée comme science *normative*. Elle étend sa règle sur le spectacle et sur le spectateur à la fois, corrigeant l'agencement de l'un, rectifiant l'optique de l'autre. C'est une manière de thérapeutique. Elle aura, certes, fort à faire pour guérir les hypertrophies ou les atrophies de notre pauvre architecture, les délires ou les somnolences de notre musique énervée, les manies érotiques ou hypocondriaques d'une littérature en démence sénile... Fort à faire vis-à-vis de malades qui n'ont pas conscience de leur mal. Mais sa méthode curative et régénératrice a bien d'autres ressources, étant scientifique et surtout étant générale. Nous ne sommes plus désormais enfermés dans le cercle étroit d'un tableau, d'un opéra, d'une maison de style. L'Art le plus haut, le plus vaste, et le plus important, n'a pas besoin de garnir une palette ou d'accorder des violons. Il ne se confine pas dans un musée, dans un théâtre, ne s'emprisonne pas dans un livre. Il est, il devrait être, hélas! au dehors, dans le plein air de la rue, mêlé à tous les gestes, à tous les actes de la vie. Le mot d'Esthétique, à ce compte, doit être abandonné ; il est trop spécial, évoque encore trop le métier : il sent l'huile. — Je propose un terme plus large, qui nous vient du beau peuple où Philosophie et Sagesse, Musique et Cosmique étaient synonymes. Ce terme est *Eurythmie*. L'Eurythmie, c'est la Science et l'Art de la Vie, dans toutes ses manifestations et ses aspirations. — Car tant que notre cœur battra dans notre sein, vif ou lent au gré des incidents moraux, que notre poitrine se soulèvera, forte ou faible, à tant de diverses émotions, nous ne pourrons séparer les fonctions de la vie des fonctions de l'intelligence, et l'harmonie de nos désirs d'avec celle de nos organes.

A-t-on réfléchi que l'homme est un composé vivant à la fois capable de beauté — et capable d'admiration pour la beauté ? — Résultat plus ou moins heureux, harmonieux des énergies plastiques, il est, à son tour, le point de départ d'énergies analogues. Et voilà comment la statue de marbre du sculpteur, trace de sa pensée, se rattache à son organisme vivant, dont la structure a conditionné, et influencé la pensée. Le rythme est donc une vertu qui se transmet, par les lois du mouvement communiqué, de la vie à la pensée, puis de celle-ci à la matière. Et, par l'expression du chef-d'œuvre, le rythme fixé dans la matière brute se transmet à son tour par un organisme vivant, à la pensée. — Les Grecs avaient donc raison de vouloir de beaux corps et des âmes rythmées, suivant les modes de la lyre ; et croyons bien que leur culture physique de la forme était un premier dégrossissement, qui modelait d'abord un *athlète*, pour modeler ensuite et d'instinct un Apollon du Belvédère.

Nous autres modernes, grâce au Christ, — nous avons un idéal plus étendu. Nous ne souhaitons pas tant l'impeccabilité des rythmes que leur expressive et touchante variété. Mais, donnant au mot « Eurythmie » son sens le plus large, nous demandons qu'on ne sépare jamais l'idéal artistique de l'idéal moral ou organique. Répéter : « *mens sana in corpore sano* », serait banal. Mais à voir comment va le monde, il est nouveau, je crois, de rappeler l'Art à ses origines, et de montrer dans les lois de la vie, la source même de toute expression et de toute beauté.

Le jour où l'on comprendra cette unité de la Nature, qui ne sépare point le *Beau* d'avec le *Nécessaire* et cumule en tous ses actes la fonction décorative ou suggestive avec la fonction positive, — la pensée sera délivrée de cette anarchie qui l'oppresse, et la recherche souvent puérile, d'une harmonie de touches ou de vocables, se haussera à des ambitions plus humaines et plus vastes.

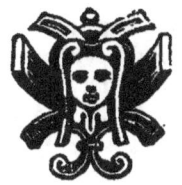

PLAN DÉTAILLÉ DE LA SCIENCE NEUVE:

EURYTHMIE

PRÉLIMINAIRES

SCIENCE ET POÉSIE. — Conciliation de l'élément expressif, en toute chose, avec l'élément nécessaire et vital, du sentiment avec la raison, du goût esthétique et du génie avec les convenances logiques. — Parallèle des mobiles, des procédés, des fins, dans l'œuvre du savant, et l'œuvre de l'artiste. — Rôle de l'Esthétique, sa valeur comme science positive.

Historique des efforts tentés par la science du Beau. — Banqueroute totale ou « faillites partielles ». — Double mission de l'Esthétique. C'est une science, et c'est un art. — Liste complète des *désiderata* : problèmes à résoudre, œuvres à fonder. — Les causes d'insuccès, et les conditions de réussite future.

Opportunité et possibilité de ces travaux. Réponses à la triple objection sceptique, utilitaire et dilettante.

IDÉE-MÈRE DE LA THÉORIE

INNOVATION QUI LUI SERT DE BASE

—

I. Distinction fondamentale entre le beau pris comme *sentiment,* en nous-mêmes, et ce beau pris comme *qualité,* hors de nous. — D'où division de l'Esthétique en *subjective* et *objective.* — Elle est, par là, réductible à deux groupes de sciences : sciences « cosmiques » ou de la nature, sciences « psychiques », ou de l'esprit. C'est une « cosmo-psychologie ».

Subjective, l'Esthétique étudie la réalisation intérieure et tout abstraite du beau (ou du laid), la genèse intime, en nous-mêmes, des idées de beauté, de laideur. — Questions de l'*impression,* du *goût,* de l'*idéal humain (idéal d'appréciation).*

Objective, elle remonte aux sources extérieures de la beauté, recherche le problème de sa réalisation concrète au dehors, sous la forme plastique, sonore, lumineuse, cinématique ou dynamique. — Questions de l'*expression,* du *génie,* de la *beauté,* de l'*idéal de la nature (idéal de création, idéal divin).*

L'esthétique objective, en outre, étudie le beau (ou le laid) manifesté dans l'*Art.* Après l'œuvre de Dieu, celle de l'humanité.

II. Les deux aspects du beau, sentiment et qualité, saisis dans leur nomenclature. — Cumul opportun du langage, qui pour chaque ordre de faits, fournit à la fois des épithètes *objectives* et des *subjectives* celles-ci traduisant l'impression ressentie, celles-là faisant allusion à la vertu des choses qui détermina l'impression.

Classification nouvelle des épithètes de la langue, au point de vue de l'éloge ou du blâme esthétique. Leur gradation, à la fois *qualitative* et *quantitative,* en un tableau à double entrée, sorte de table de Pythagore esthétique, dont voici le schéma.

A   a   b   c   d   e   f   g   h
B
C
D
E
F
G
H

Les majuscules figurent ici les *catégories* d'impressions (ou de faits), telles que température, odeur et saveur, son, lumière, couleur, mouvement, forme, tempérament, etc.

Les minuscules, ordonnées en série horizontale pour chaque catégorie, indiquent les *degrés* successifs, du faible au fort, et du *minimum* au *maximum*, que peut prendre la qualité. — L'ensemble forme, en définitive, une échelle de gammes superposées, dont les extrêmes et le centre se trouvent coïncider sur la même ligne verticale.

Valeur scientifique, et portée d'une pareille table. — Analogies avec les procédés graphiques usités d'analyse ou de statistique. Les rapports de l'*idéal* avec la simple mesure et constatation du normal. *Courbe de Quételet.*

Caractère impersonnel de cette méthode, qui la met en dehors de toute discussion. Elle représente exactement les opérations de notre calcul inconscient, dans toute appréciation logique et morale, dans tout jugement esthétique. C'est un « algorithme psychique ».

Pressentiment que les lois d'*harmonie* se pourront dégager de la *gradation* pure et simple. Démonstration du jeu de cartes.

I. ESTHÉTIQUE SUBJECTIVE (Beau-sensation)

Réalisation intérieure et abstraite
du beau (*ou du laid*) *dans notre esprit.*
(Questions de l'*impression*, du *goût*, de l'*idéal d'appréciation*).

A. — *Résultats dégagés par la gradation verticale ou* qualitative *des épithètes (suivant les catégories).*

1°. — Loi de transfert des épithètes d'une catégorie dans une autre

Transfert d'un domaine sensoriel à l'autre (de la vue à l'ouïe par exemple ou de la température à la couleur... « les teintes chaudes du couchant, un coloris *tapageur*, une orchestration *incolore* »).

Transfert du domaine de la sensation à celui de l'idée (accueil *glacial*, nouvelle *fraîche*) ; ou du règne brut au vivant et réciproquement (eau *dormante*, site *mélancolique*, hôtel *borgne*, — tempérament de *fer*, esprit *caustique*, etc.)

Le tableau de M. Sully Prudhomme. — Justification de la triple tendance *synesthésique*, *métaphorique*, *anthropomorphique*. Loi d'unité fondamentale pour les phénomènes de l'esprit. — La persistance du caractère essentiel dans l'évolution des organismes.

2°. — Loi d'équivalence esthétique, et de substitution réciproque des épithètes « modale », « finale », et « causale ».

Des rameaux *courbés* (allusion à la cause), *pendants* (allusion à l'état), *expressifs* (allusion à l'effet) ; — une fleur *parfumée*, *aromatique*, *embau-*

mante ; un coloris *fondu, harmonieux, caressant.* — Triple préoccupation du passé, du présent et de l'avenir. Révélation d'un lien entre la fonction positive et directe de l'objet qui nous impressionne, et sa fonction en quelque sorte refléchie, « suggestive » ou « décorative ». — Cumul « idéal-positif » — des choses de nature. Exemples du feuillage, des fleurs, du visage humain. — Loi du mouvement communiqué.

3°. — **Loi d'enchaînement continu des épithètes qui constatent à celles qui critiquent** (éloge ou blâme).

Epithètes « informatrices », épithètes « appréciatrices ». Aucune limite assignable entre ces deux catégories (un pilier gros, massif, imposant, majestueux, superbe. Une colonnette fine, élancée, ravissante, élégante, gracieuse,... etc.).

Connexion qui s'en déduit, du « sentimental » avec le « rationnel », et confirmation du cumul démontré par la loi précédente. Complexité du sentiment esthétique, son caractère de *résultante*, et son apparence d'unité. Comparaison du *timbre* musical. — Synthèse machinale des qualités ou éléments du beau, par l'esprit. Illusion esthétique. — Art d'instrumentation des éléments du « beau ». — Projet d'une « flore de l'expression ».

B. — *Résultats dégagés par la gradation horizontale ou* « quantitative » (*Analyse des éléments de beauté*).
GAMMES D'ÉPITHÈTES (*)

I. GAMMES DE SENS ABSTRAIT (dont les *extrêmes* et le *centre* sont pris au figuré).

A. — Lois de mesure (ou de *polarité*). Idéal de *degré* pris en lui-même et sa valeur par rapport au périmètre de la gamme).

Point de vue statique (Morphologie).

1°. — **Loi de péjoratisme des extrêmes, ou péjoratisme liminaire** (loi négative).

Coïncidence de la défaveur, d'une manière générale, avec la situation des épithètes aux deux pôles (glacial et brûlant, flasque et coriace, massif et grêle, fade et âcre, sourd et strident, terne et voyant, traînant et vertigineux, mesquin et redondant, — et pour le moral : avare et prodigue, servile et arrogant, taciturne et bavard, froid et impétueux, hypocrite et cynique, etc.). — Une loi du sens commun précisée et généralisée. Sa justification par la physiologie. Connexion de l'*extrême* avec le péril organique. — Limites du « possible », et limites du « facile ». — Affaiblissement de l'énergie vers les pôles du sentiment. — Loi du parallélisme limité entre l'excitation *donnée* et l'excitation *reçue* (loi de Weber

---

(*) Ou gammes d'états physiques et moraux, notées en épithètes.

et Fechner). — Loi d'antagonisme, à partir d'un certain degré, entre notre pouvoir *sensitif* et notre pouvoir *moteur*. — Schéma de la balance des forces.

2°. — Loi d' « indifférence du milieu », ou d'indifférence centrale. (Bi-latéralité de l'Idéal). Loi négative.

Caractère incomplet de la théorie « des contraires ». Ce qu'il faut entendre par le « juste milieu ». — Le *bon* comme le *mauvais*, fonction des deux *côtés*. — Théorie des trois *milieux* (un milieu central, deux milieux latéraux, quatre milieux intermédiaires). Passage du *moyen* au *médiocre*, et du *médiocre* au *pire*. Deux « Optima », deux « Pessima », un « Medium » ou « Æquale ». — Transition de la mesure au rythme, par le fait de « *Dichotomie* continue ».

Justification de l'« Indifférence » esthétique par la physiologie. Le *zéro psychique* ou *point mort*. — Justification du « siège bilatéral » de 'Idéal par la loi de *gémination*, ou de « dédoublement des effets ». *Dualité* dans tous les ordres de sensations, comment elle s'oppose, en nous, à l'unité du phénomène extérieur. Le *chaud* et le *froid* ; la région *chaude* et la région *froide* du spectre coloré ; saveur *chaude* et saveur *froide*, etc. intuitions de Pascal.

Courbe de sensation et courbe de sentiment (plaisir ou peine). — La « valeur cardinale » de Fechner et le siège de l'Idéal. Définition précise de l'*Idéal de degré*.

3. — Loi de contraste des côtés (ou de contraste latéral). Complément ou symétrie (loi positive).

Le « positif » et le « négatif ». Idéal *masculin* et idéal *féminin*. Le « beau » proprement dit, et le « joli ». — Justification par la physiologie. Nomenclature des états nerveux correspondant aux divers degrés de la gamme. *Anesthésie, Isesthésie, Hyperesthésie*. — Comment je la complète. — Parallèle introduit entre les *états réflexes* et les états *esthétiques*. — Dynamogénie, Inhibition. — Différence entre « fascination » et « charme ». Réflexes d'arrêt, réflexes impulsifs. La dynamique de l'amour.

Extension au domaine psychique pur. Loi d'atténuation des réflexes. — Les « manies » ou impulsions, et les « répulsions » ou « phobies ». Leurs graphiques respectifs :

Manies   Phobies

Dipsomanie, Mégalomanie, Erotomanie. — Photophobie, Agoraphobie, Claustrophobie, etc.

Racines profondes de toute émotion esthétique. — La terreur panique, la fureur poétique, et autres formes de passage.

Point de vue dynamique (Physiologie).

4°. — Correctif naturel au péjoratisme des extrêmes (et à l'indifférence du milieu). — Lois d'entraînement, de renversement, et du

double changement de signe. — Loi d'oscillation mesurée. (Lois positives supplémentaires.)

Le fait de la tolérance esthétique aux excès. — *Sublime* et *Ridicule*, *Pathétique* et *Comique*.

Justification par la physiologie. — Rire et sanglot, sourire et soupir, « *rictus* » et « *fletus* ». — Les trois schémas physionomiques de Humbert de Superville (complétés, et formant une gamme d'émotions). Leur double valeur, comme figuration à la fois, du *suggérable*, — et du *suggestif*. — Théorie rationnelle de l'Expression dans la Nature, et les Arts. — Saule pleureur et pagode. — La divergence des effets produits et le choix inconscient d'une direction sur deux, dans l'alternative (« retombée » des arcs, « ascension » des piliers, les « montants » d'une porte).

Comme les lois d'Entraînement et de Renversement constituent le point de vue dynamique du *péjoratisme des extrêmes*, la loi d'« oscillatio n mesurée » constituera celui de l'« Indifférence médiane », et du « Contraste latéral ». — Exemples d'oscillation du goût, public ou privé. — Schéma de la balance, ou du ressort, ou de la fibre élastique (étirement en long et en travers).

Le tout se résume en la loi de « POLARITÉ ». D'abord purement symbolique, apparaissant dans la nomenclature ordonnée des épi-thètes, puis *physiologique*, et *psychique*, se manifestant par une orien-tation inverse et symétrique de la force, et par des faits d'attraction, ou de répulsion ; enfin, pouvant s'annoncer *magnétique* (au moins dans ses causes secondes). — Identité de schéma avec le barreau d'aimant.

Restriction, — et Extension des lois
de mesure ou de « polarité », en deçà,
comme au delà du périmètre d'une gamme
(TAXINOMIE)

A. — *Restriction des lois de polarité en deçà du champ initial. — Idéal et question d'espèce.*

Nouvelle analogie avec l'aimant, par la résistance de la vertu polaire au fractionnement successif. — Loi de « dichotomie » continue.

Subdivision du champ total, dans chacune de nos gammes d'épithètes, en champs partiels ou « spécifiques ». — Valeur absolue et valeur relative des fractions de gamme obtenues ; espèces *objectives* et espèces *substantives*.

Etude des champs partiels isolés.

La partie reproduit l'organisation du tout, comporte les mêmes lois de mesure, a sa polarité propre. — Exemples pris dans diverses catégories. — Péjoratisme liminaire relatif. Indifférence centrale *relative*. — Contraste latéral restreint. — Zônes esthétiques de divers ordres.

Etude des relations des champs partiels entre eux, et avec le champ total.

La juxtaposition des extrêmes et la loi d'« Hybridité » esthétique. — L'alternance des zônes médianes et la loi de « Spécificité ». — Justification du péjoratisme liminaire par la notion très simple de *limite*. La théorie « des trois milieux » et la genèse du *pire*. — Loi de progression, centrifuge ou centripète, et passage au concept de *rythme*.

A. — Gammes de *poids*, de *températures*, d'*odeurs* et de *saveurs*, de *sons*, de *lumières* et *couleurs*, de *mouvements*, de *formes*, — prises en *elles-mêmes*, comme *séries d'« espèces adjectives »*, et sans le support d'un substantif défini (le *rouge* ou le *vert*, par exemple, absolument, et non le rouge de telle fleur, ou du sang, ou d'une étoffe ; la forme *triangulaire* ou *cintrée*, en soi, et non le triangle d'un pinacle, ou le cintre d'une voûte, etc.). — Application à ces gammes prises au sens général, et *sans adaptation spéciale*, de tous les principes précédents.

B. — Les mêmes gammes considérées *comme séries d'espèces « substantives »*, c'est-à-dire d'épithètes — ou de qualités restreintes à telle ou telle substance (la couleur, non plus estimée pour elle-même, mais caractérisant un tissu minéral, vivant ou industriel... ; la forme ou la grandeur du mouvement, du contour, rapporté à telle fonction définie, comme le vol, ou la marche, — à tel type plastique donné, végétal ou animal, oiseau, reptile, mammifère..... ; même à tel type *artistique* : les *angles* comme espèces géométriques, et comme espèces architectoniques ; leur valeur d'idéal *abstrait* et *concret*.

Introduction de la question d'*espèce* en Esthétique. — L'Idéal et les degrés de la classification naturelle. — Comment on peut passer sans brusque transition du point de vue *adjectif*, abstrait, au point de vue concret, *substantif*. — La « substance » considérée comme un ensemble harmonique de qualités, comme le « substantif » est une résultante d'adjectifs. — Méthode des signalements.

Procédé d'accommodation esthétique de la *qualité* générale à l'*espèce* particulière, dans tous les cas possibles. — Gammes de substantifs.

1° Marche d'abord analytique ou par restrictions successives, de la *race* à l'*individu*, en passant par tous les degrés de classification intermédiaires. — Comparaison, à chaque fois, des unités constituantes du groupe entre elles, au point de vue d'un critérium défini, comme la *taille*, la *couleur*, etc. (Exemple du cheval). — Comment notre idéal d'appréciation suit fidèlement, pas à pas, tous les degrés taxinomiques. — Détermination d'un *idéal* spécifique.

L'individu pris à son tour pour point de départ de nouvelles restrictions. — Du tout à ses parties. — Les organes et les traits extérieurs comparés entre eux comme *espèces*. — Répétition, chez l'individu, des faits constatés chez la race. L'Idéal du degré devient d'autant plus rigoureux que les termes de comparaison sont plus voisins. Exemple de la *tête de cheval*. — Comment la raison d'être et la valeur esthétique de la *symétrie* se trouvent ici sur notre chemin.

Extension du principe à la race. Point de vue des homologies entre le développement de l'individu et le développement de la race ; l'ordre *onto-génétique* et l'ordre *phylo-génétique* assimilés, dans leur parallélisme, aux « figures semblables ». — 1º Sens *d'évolution dans le temps*, ou d'accrois-sement successif, comportant toujours du nouveau, avec des *alternances* et un *rythme* (Variation). — 2º Sens *d'expansion dans l'espace*, ou d'ac-croissement simultané, comportant identité, balancement au moins, par *symétrie* ou *complément réciproque* (sens de polarité). Ces deux directions plastiques valen⁺ pour le développement de l'individu comme pour celui de la race. Elles sont représentées par les deux sens, vertical et hori-zontal, de notre tableau d'épithètes ; elles ont, aussi, leur figure concrète dans la courbe d'un mouvement vibratoire *(longueur de phase* et *ampli-tude* de l'onde ; alternance des ordonnées positives et négatives le long de sa trajectoire (*).

Antithèse biologique et esthétique de l'*Adaptation*, née du sens longi-tudinal, et qui crée le *Caractère*, — avec la *Sélection*, qui, née du sens transversal, fonde plutôt la *Beauté*. — L'adaptation « unilatérale » et l'adaptation « convergente ». Du museau bestial au visage humain. — L'adaptation des traits masquée, dans la beauté, par un nivellement des adaptations trop saillantes. — Addition, chez le type humain, des adap-tations psychiques et supérieures.

2º Marche extensive et synthétique (inverse de la précédente) du parti-culier au général, et de l'*individu* à la *race* (en remontant un à un tous les degrés descendus). — L'idéal perd ici en précision ce qu'il gagne en étendue. — Conciliation du beau (ou du laid) *relatif* avec le beau (ou le laid) *absolu*... relatif, du moins, au degré minimum. Accord du *Réalisme* avec l'*Idéalisme*.

Comment, marchant cette fois de l'individu vers la race, et par exten-sions successives, nous trouvons en chemin la raison d'être et la valeur esthétique de la *Proportion* (opposée à *Symétrie*) (**). — Le correspon-dant de la *Proportion* dans la race : le rythme « phylo-génétique » ou des générations successives.

B. — *Extension des lois de polarité* au delà *du champ initial.*

Synthèse des champs partiels, ou d'appréciation spécifique en un champ *total*, embrassant l'ensemble complet de nos perceptions. — Appli-cation à ce champ total des lois de mesure et de polarité. — Délimitation

---

(*) La ligne serpentine ou *sinusoïdale* d'une onde n'est effectivement que le résultat d'une combinaison entre l'impulsion en avant, et l'oscillation sur place. ⌡►

(**) La « Proportion » est au sens longitudinal ou de propagation, ce que la symé-trie, ou le contraste des complémentaires, est au sens transversal ou d'oscillation.

rationnelle des différents arts, et des facultés antagonistes de l'esprit. — Fonction de temps et fonction d'espace, phonétisme et graphisme. — Révélation du caractère *relatif* qu'offre le péjoratisme liminaire. La notion du *Pire* s'affaiblit, de concert avec celle du *Meilleur*, à mesure que s'étend le champ d'appréciation. Le « mauvais », comme le « bon », en Esthétique, est fonction périodique de la distance aux pôles. — Le rythme dans l'alternance d'un ordre de sensations à un autre. — Gamme discontinue des modes d'appréciation du mouvement vibratoire extérieur et continu. — Loi d'*inversion du critérium.*

Lois de contraste *et d'harmonie (idéal de « rapport » entre degrés d'une même gamme. Valeur esthétique de l'intervalle.*

Les lois de *contraste* et d'*harmonie* dérivent naturellement des lois de *mesure* et de *polarité.* — Distinction nécessaire d'un contraste *successif* (ascendant ou descendant ⇄), — d'un contraste *alternatif* (*) ou par juxtaposition ←●◑●→, — et d'un contraste *simultané* ou par superposition. ⋈

D'où la réalisation de gammes *unilatérales,* à direction unique, ascendante ou descendante, et de *gammes bilatérales,* à double orientation, inverse et symétrique (en *miroir*) ; — celles-ci se subdivisant elles-mêmes en gammes à versants opposés ou juxtaposés (mélodiques), — et en gammes à versants croisés ou superposés (harmoniques). Ces dernières peuvent être aussi bien qualifiées de gammes « jumelles inverses ».

Schéma d'une gamme unilatérale ou de contraste *successif.*	A B C D E F G H I J K L ou L K J I H G F E D C B A
Schéma d'une gamme bilatérale, à contraste *alternatif.*	A B C D E F ◑ G H I J K L
Schéma d'une gamme bilatérale, à contraste *simultané.*	A B C D E F / L K J I H G

Transition naturelle de la simple *mesure* au *contraste,* et du contraste pur et simple au *Rythme,* à l'*Harmonie.* — Exemple de la série des *poids,* soulevés un à un, ou deux à deux, successivement, puis simultanément. Application des lois de mesure et de polarité aux cas précédents de contraste. Péjoratisme des contrastes extrêmes. Indifférence du contraste moyen. Optimum des contrastes intermédiaires. — Contrastes « complémentaires ». Couples angulaires réciproques. Compléments comparés des *scalaires* et des *vecteurs.* — Le contraste « sublime » et le contraste comique. Schémas. Le *Rythme* et l'*Harmonie* issus des lois de *polarité.*

Application spéciale du système des « gammes de contraste » aux catégories de *son* et de *couleur.* — Justification des consonances, et des dissonances musicales et picturales. — Nouvelle théorie de la génération des accords et de leur antithèse tonale. Parallèle entre l'échelle harmonique

---

(*) C'est le contraste *simultané* des auteurs.

des sons et la série des couleurs dans le spectre (rouge, orangé, jaune, vert, bleu, indigo, violet). — Analogies inédites entre la *Polychromie* et la *Polyphonie*. — Le *Rythme* et ses différents aspects ; rythme *littéral* et rythme *transfiguré*. — Extension de la méthode aux gammes de poids, de températures, d'odeurs et de saveurs, de lumières incolores, de mouvements, de formes, etc., jusqu'aux catégories morales.

Intervention du nombre dans les faits de contraste, de rythme et d'harmonie. (Esthétique nombrée).

Les deux voies principales par où le nombre peut s'introduire en le domaine esthétique :

1º Directement, par notre procédé de coupe dichotomique unilatérale, rendu précis, méthodique et portant sur des degrés. Il sert de trait d'union entre la notion de *polarité* et celle de rythme ou d'harmonie. — Comment il amène à des *progressions* mathématiques aux initiales 2, 3, ou 5. — Les puissances de 2 et leurs dérivés. Coïncidence avec les termes grammaticaux de comparaison (2 comparatifs, 2 superlatifs, 1 positif).

2º Par la simple extension à toutes les catégories des lois rythmiques ou harmoniques trouvées, d'abord pour les *sons musicaux*, — et ensuite, pour les *figures* géométriques ; — les premiers basant leur harmonie sur une fonction du *temps,* et les secondes, sur une fonction de l'*espace.*

La nomenclature des *polygones réguliers* et les nombres harmoniques d'après Gauss. Comment elle se réduit à trois catégories de progressions : la *binaire* (2, 4, 8, 16, etc.) ; la *ternaire* (3, 6, 12, 24, etc.) ; la *quinaire* (5, 10, 20, 40, etc.). — On possède, en la faculté qu'ont ou n'ont pas les polygones réguliers *d'être inscrits dans le cercle au compas,* — un critérium de rythme et d'harmonie *plastique* (*).

Manière dont M. Ch. Henry explique ce rôle esthétique du chiffre, et dont il le justifie. — Notion de la *Mathématique inconsciente.* Théorie des «mouvements virtuels» associés à la perception. Activité latente dans les phénomènes crus tout entiers passifs. — Pouvoir et empêchement, facilité ou gêne pour la réalisation subjective, organique, de tels ou tels mouvements, telles ou telles figures extérieures. D'où agrément ou désagrément dans la perception de ces mouvements, de ces figures.— Explication la plus approchée du *sentiment esthétique,* de ses formes, de ses variantes. Valeur psychique, esthétique du critérium géométrique ou plastique de Gauss. Formule du travail agréable.

Le critérium *phonique* (ou musical) de l'harmonie... C'est l'«*harmonie*» proprement dite. — Sa connexion (très peu connue jusqu'ici), avec le critérium précédent. — Concordance admirable entre les chiffres de figures *harmoniques,* — ou non, — et ceux correspondant aux *consonances,* ou *dissonances musicales.* L'échelle des harmoniques et la série des polygones. Rappel de notre assimilation des *couleurs* aux «timbres». Extension du parallélisme à la *Forme.* Connexion d'ailleurs, de la *Forme*

_____

(*) Je simplifie encore davantage la notion de *rythme numérique* en la ramenant à la règle de proportion. La *Section d'or*.

avec le *Mouvement*, par le mouvement moléculaire et plastique. L'expérience de Chladni. Verge, tuyau, corde vibrante, diapason enregistreur de ses propres oscillations. Rencontre du rythme graphique et du rythme phonique.

Le son musical apparaît alors nettement comme la traduction vive et concrète, en nous, d'un processus au dehors abstrait, géométrique, — et l'échelle des « harmoniques », comme un tableau parlant des partages successifs de la force. — D'où la *base* des harmonies musicales peut bien être la base des harmonies cinématiques, dynamiques, plastiques, — de toutes les harmonies.

La transformation du principe géométrique de Gauss en critérium harmonique à peu près universel par M. Ch. Henry (1). Théories et applications, résultats démonstratifs et pratiques obtenus. — Extension du système de l'objet au sujet. Les faits de renversement. Consonance et dissonance intérieures. — Bases d'une Rythmique du goût. Rôle perturbateur de l'*association des idées*. — Réduction des idées elles-mêmes au rythme. Caractère probablement universel des lois du rythme numérique. Il s'explique par l'unité fondamentale des phénomènes qui suscitent en nous l'émotion. — Toutes nos gammes ou séries d'épithètes peuvent d'ailleurs se réduire à deux catégories essentielles : *temps, espace*, (le successif et le simultané). — La seconde fonction, celle de l'*espace*, se rattache, du reste, à la première, celle du *temps*, par le fait du mouvement plastique, du mouvement qui laisse une trace. Le rythme de la trace et le rythme du mouvement. Le rythme du *mouvement vibratoire*, et son ampleur, pris comme base d'une Métrique générale et d'une universelle Prosodie.

Eclaircissement, justification et parachèvement de la théorie Henricienne par *mon propre critérium* (2) *des* « EXTRÊMES ET DES MOYENS ». Le nombre 2 et la polarité. — Les puissances de 2 et le procédé de dichotomie continue (la théorie des 3 milieux). — Nombres premiers rythmiques et lois des degrés de comparaison symétriques. Reconstitution des nombres rythmiques initiaux par le système des progressions superposées. Valeur musicale et plastique du schéma. Une application architectonique aux angles de flèches ogivales.

II. — GAMMES DE SENS CONCRET (dont les *extrêmes* et le *centre* sont pris au propre). (3)

Extension de tous les précédents résultats (*polarité*), du domaine abstrait au concret, de la gradation tout idéale des qualités à celle

---

(1) M. Ch. Henry ne prend pas pour base le critérium *phonique*, mais le *plastique* (ou graphique). Ce dernier est effectivement *initial*.

(2) Je puis démontrer que la *proportion*, au sens que lui donnent les artistes, n'est qu'une observance intuitive de la chose de même nom, prise au sens arithmétique. Et l'on verra comment, jusque dans les couleurs du spectre, se retrouve la loi connue : le produit des extrêmes est égal au produit des moyens.

(3) Le terme de *concret* est aussi bien opposé ici à celui de *discret* qu'à celui d'*abstrait*.

qu'offre un corps étendu dans l'espace. — Transition du premier cas au second par la considération du mouvement qui laisse une trace, du mouvement plastique, réalisateur de la *forme*. — Exemple de la série des longueurs d'onde lumineuses, étagées pour nos yeux en couleurs, dans l'arc-en-ciel. Ce dernier offre l'exemple d'une échelle à la fois *théorique* et *concrète*, où les mots d'« extrêmes » et de « *centre* » peuvent être pris aussi bien au sens propre qu'au sens figuré :

]	*Rouge.*	*Orangé.*	*Jaune.*	*Vert.*	*Bleu.*	*Indigo.*	*Violet.*	]'
p	gauche			milieu			droite	p'

La POLARITÉ démontrée cette fois sur les corps organisés matériels. (Aussi dans les mouvements réels, — quoique sans trace).

1° dans la *Nature*. — Axes figuratifs des trois dimensions de l'espace. Correction naturelle au « *péjoratisme des extrêmes* » sur ces trois axes. Le triple procédé d'atténuation de la limite : *acumination* (moyen prorogateur), *ramification* (moyen compensateur) ; *contraction* (moyen accumulateur). — Correctifs à l'indifférence du centre. — Points forts et points faibles. — Loi de contraste des côtés. Equilibre des parties latérales, ou leur pondération complémentaire. — Les nombres rythmiques réalisés au dehors, sous des espèces tangibles.

2° dans l'*œuvre d'art*.

a. — *plastique* : Monument, Décor, Mobilier, Statue, Tableau, etc. — Polarité d'ensemble et de détail. Le « motif ».

b. — *musicale* : Tétralogie, Opéra, Symphonie, morceau, période, phrase ou *motif*. Harmonie, mélodie. Polarité dans la Mesure et polarité dans l'Accord.

c. — *littéraire* : Poème, roman, traité. — Chant, strophe, chapitre, verset, couplet, vers, phrase, hémistiche, mot, syllabe, préfixes et suffixes.

Raison d'être, et théorie nouvelle de l'ornement. Fonction utilitaire et fonction décorative. De la Statique à l'Esthétique.

C. — *Résultats dégagés par la combinaison des deux directions du tableau (des épithètes), gradation verticale ou* qualitative, *par catégories, — gradation horizontale, ou* quantitative, *en* GAMMES). *Lois de* mesure (*polarité*), *de* contraste, *de* rythme *et d'*harmonie *appliquées aux degrés* pris sur des gammes de catégorie différente.)

C'est la combinaison du sens d'*évolution* avec le sens de *polarité*. — Ses effets sont à considérer

1° dans les séries de gradation *abstraite*, ou théorique ;

2° dans les séries de gradation *concrète*, ou champs d'orientation (voir plus haut).

Mêmes lois que précédemment... (Péjoratisme liminaire, indifférence médiane, etc. dans le sens *vertical* ou de gradation des catégories). Les effets de contraste et d'harmonie se découvrent ici non plus entre degrés congénères, mais entre degrés appartenant à des séries plus ou moins distantes.

La première partie de la tâche comprenait les combinaisons suivantes :

1o des *températures* entre elles.

2o des *poids* entre eux (états de consistance, pressions, densités, sensations d'effort musculaire).

3o des *odeurs* — ou *saveurs* — entre elles.

4o des *sons* entre eux (intensités, hauteurs, timbres, rythmes).

5o des *lumières* (intensités, couleurs et nuances, rythmes de clair obscur et de coloris dans l'espace).

6o des *mouvements* entre eux (amplitude, allure, forme ou rythme).

7o des éléments de la forme (grandeur, nombre des parties, proportion, orientation).

La seconde partie comportera des combinaisons plus complexes, celles :

1o des *intensités* sonores avec les hauteurs, ou les *timbres* et réciproquement, — de la mélodie avec l'harmonie, et de ces deux éléments musicaux avec la *mesure*, le *rythme*, la *prosodie*.

2o des *intensités lumineuses* avec les couleurs ou les nuances.

3o des éléments de la *forme* plastique entre eux (*grandeur* avec *proportion* ou *direction*, grandeur avec *nombre des parties*, etc.) — Connexion de la *symétrie* avec les extrêmes de grandeur, *polarité* de la symétrie.

4o des éléments du *mouvement* entre eux (de l'*amplitude* avec l'*allure*, avec la direction, etc.). Même loi de « polarité de la symétrie ».

Puis des combinaisons d'ordre encore plus élevé :

5o des *couleurs* avec les *formes*, — avec les mouvements, — avec les directions dans l'espace.

6o des *formes* avec les *lumières* et les ombres.

7o des *formes* avec les mouvements.

8o des *mouvements* avec les *sons* (Chorégraphie), etc., etc.

Enfin, pour être complet :

Combinaison des *sentiments*, et des *idées* entre elles, associations psychiques. Leur rôle perturbateur — ou salutaire dans nos impressions de goût. Sentiment esthétique élémentaire et sentiment esthétique supérieur.

Synthèse des « espèces *esthétiques* ». Le substantif envisagé comme un ensemble *harmonique* (et plus ou moins *harmonieux*) d'épithètes qualificatives. — Instrumentation et Orchestration des éléments du *beau*, de l'« expressif ». — Harmonies et discordances. Dissonances résolubles, — ou non résolubles. Lois d'*Adaptation* et de corrélation des attributs. Harmonies de *qualités* et harmonies de *substances*.

II. — ESTHÉTIQUE OBJECTIVE (Beau-qualité)
Réalisation extérieure et concrète du beau (*ou du laid*) *dans la Nature et dans l'Art.*

(Questions de l'*expression*, du *génie*, de la *beauté*, de l'*idéal* COSMIQUE ou de la Nature (idéal divin), et de l'idéal ARTISTIQUE (idéal humain).

1º DANS LA NATURE. (Questions de l'expression, de sa genèse, et de l'idéal naturel).

Parenté de notre *idéal humain*, subjectif et tout abstrait, avec l'idéal objectif et concret de la Nature. Les antécédents de l'appréciation esthétique. Racines du goût, du génie. — Loi de filiation, dans le temps, de l'aptitude à *suggérer*, inconsciente, avec l'aptitude à *être suggéré*, qui est consciente. Conception du *beau* virtuel, en puissance, du beau « *potentiel* » ; (Comparaison de la lumière, de l'énergie mécanique en général). Comment et quand le beau, de *potentiel* devient *actuel*. — Le « *beau* » considéré finalement comme l'entrelacs de nos fonctions et des fonctions du monde (Harmonie de deux harmonies). Tableau de concordance.

Notre *Table des épithètes* employée cette fois au sens *objectif*, — les termes dont elle se compose étant pris comme signes de *qualités*, — non plus comme signes de *sentiments*.

I. *Résultats de la gradation* QUALITATIVE *ou par catégories.*
(*Sens vertical du tableau.*)

1º *Loi de persistance* du caractère inférieur et fondamental. (Loi de transfert, voir au début.)

Analogie et Evolution. — Historique de l'*appréciation* (mécanique biologique, psychique, esthétique). — Actions et réactions esthétiques successives au cours de l'évolution.

2º *Loi de filiation* de l'objectif au subjectif, expliquant la concordance entre les *actions* du dehors et nos impressions intérieures. — Le système nerveux, point terminus des faits objectifs par sa structure, et point de départ des faits subjectifs par sa fonction : c'est le terrain intermédiaire aux sciences « cosmiques » et aux sciences « psychiques ».—Un argument en faveur du vitalisme contre la thèse matérialiste : le cerveau, effet plastique d'une cause immatérielle en soi, d'où la nature immatérielle de ses manifestations extérieures. Le processus générateur du beau *senti*. Théorie de l'ondulation et des interférences nerveuses.

3º Loi d'*évolution* (psychique) du simple au complexe, et du particulier au général.

II. *Résultats de la gradation* QUANTITATIVE *ou des gammes de qualités.* (*Sens horizontal du tableau.*)

Mêmes divisions et mêmes lois que pour l'Esthétique *subjective*. — Polarité *abstraite*, ou de gradation théorique ; Polarité concrète, ou d'orientation dans l'espace. — Les gammes du tableau prises, au premier cas, dans leur signification *objective*, comme séries de propriétés — cosmiques ou psychiques, — comme degrés dans l'accroissement, ou la diminution de *phénomènes*.

Esthétique « objective » et Taxinomie. — Facteurs cosmiques, et organiques de la valeur plastique, de l'expression, de la beauté des choses. — Importance esthétique de la théorie de l'Evolution. — Addition et correction au Transformisme : *suite à Darwin.* — La Rythmique organique et vitale. « Eumorphose » et « Métamorphose ». — Histoire naturelle du *beau*, du *laid*, de l'*expressif*. Esthétique et Tératologie. Monstruosité par ascendance, et monstruosité par dégénérescence (le pas assez, le pas encore, et le déjà trop).

III. *Résultats de combinaison entre les deux sens du tableau.*

Loi de corrélation des facteurs organiques ou cosmiques qui concourent à la beauté, à la laideur ou à l'*expressivité.* — La Mécanique, céleste ou terrestre, la Physique, la Chimie, l'Histoire naturelle des roches, des minéraux, des plantes, des animaux, — considérées comme les chapitres d'une science générale, à fonder : la *Rythmique naturelle.* Instrumentation des éléments dynamiques ou plastiques, vibrations ou rythmes, — atomes, molécules, tissus, organes, organismes, etc. — Le composé naturel, inorganique ou vivant, envisagé comme un tout harmonique, comme un *accord*, et la Création comme une immense orchestration, admettant tous les timbres, et les combinant pour un effet semblable à la « polyphonie » musicale.

Corollaire à l'Esthétique objective. — L'appréciation du goût jugée du dehors, en *phénomène*, et rendue tributaire des lois de polarité, de mesure de rythme et d'harmonie.

Application, dès lors justifiée, de la méthode gradative et métrique *au sujet appréciateur* à son tour. Critique de la critique. — Le *goût* et le *génie* considérés de l'extérieur, en tant que fonctions harmoniques et non toujours harmonieuses, — fonctions qui s'accomplissent bien, mal, ou médiocrement, en elles-mêmes, qui comportent un *idéal*, elles aussi, et supportent, doivent supporter une critique. — Or les *procédés* de critique, comme le critérium d'idéal, sont ici les mêmes que précédemment. — Les mêmes faits de *polarité*, qui délimitèrent cet idéal, appliqués à la détermination d'un *idéal de goût.* — « Gammes psychiques », ou des éléments de l'appréciation même. — *Péjoratisme des extrêmes* dans nos facultés sensitives ou logiques, *Indifférence du milieu, Contraste latéral*, etc. — Oscillation du goût, du génie, des fonctions psychiques, esthétiques. Lois de polarité. — Le magnétisme de l'amour. Principe des attractions et répulsions esthétiques. — Lois de *contraste* et d'*harmonie.* — Instrumentation des passions, orchestration des âmes.

Rencontre du sujet avec l'objet, — considérée comme un phénomène et *vue du dehors.* — Application à ce fait des mêmes lois qu'auparavant. —

Aléa fâcheux du *contraste extrême* entre la tendance expressive de l'objet et la tendance du sujet à être impressionné... etc. Harmonies et discordances.

2° DANS L'ŒUVRE D'ART. (Question de l'expression, du génie, de l'idéal artistique.)

L'homme point d'arrivée des énergies créatrices, est à son tour point de départ. — Notion de la *Mathématique inconsciente* (ou calcul cérébral instinctif); ses antécédents, ses modalités (goût, génie), ses conséquents (manifestations artistiques, traces concrètes ou abstraites). « *Homo additus naturæ* » (Bacon). Classification des diverses formes d'Art, et leur évolution. Champ de polarité de l'Art.

Application de tous les résultats obtenus jusqu'ici :

1° au GÉNIE, créateur des arts (et aussi au *goût*, inséparable du génie). Voir le paragraphe précédent;

2° à l'ART, création du génie. — Application du système des *gammes* à l'analyse, et la critique des œuvres d'art. L'œuvre assimilée à un *phonogramme*, trait d'union plus ou moins symbolique entre l'auteur et le spectateur. — Architecture, Sculpture, Art décoratif, Polychromie, Peinture représentative, Musique, Chorégraphie, Art littéraire, Poésie, Eloquence, Style, Art théâtral, Art de l'ameublement, du costume, Arts industriels. — Rappel de la théorie de l'*ornement* comme correctif à la limite. — Excès dans ce correctif, loi du double renversement. — *Polarité* dans l'œuvre d'art. Exemples graphiques ou sonores. — Extension des lois de polarité de l'ensemble au détail. — Passage au *rythme*.— *Métrique* et *prosodie* comparées dans les divers arts.

Dynamique propre de l'Art. Loi d'oscillation individuelle (les *manières*), et collective (les *écoles*).

RÉSUMÉ ET CONCLUSION

Cadre intégralement rempli. La *polarité* et ses deux corollaires esthétiques, le *rythme* et l'*harmonie*, révélés tour à tour : 1° dans le fait immédiat et manifeste du langage appréciateur ou critique; — 2° dans le fait intime et profond du mouvement, ou de l'état d'âme ; — 3° dans le phénomène extérieur, suggestif ou décoratif, qui provoque en nous ces états ; — 4° enfin dans l'acte réflexe du génie, et sa manifestation au dehors, l'*Œuvre d'art*.

Justification du tableau initial (*table de Pythagore esthétique*) qui nous avait servi de base. — L'*épithète* considérée comme une forme supérieure et synthétique de « réflexe ». — Comment la *polarité* tout idéale du langage est la trace d'une polarité positive et réelle. — Celle-ci peut elle-même être envisagée comme une manifestation de l'énergie. Hypothèse, théorie magnétique de l'expression, du goût, de la beauté. — Le beau potentiel (ou le rythme parfait), — effet de polarité magnétique, génératrice des *symétries* et des *alternances*, — deviendrait lui-même la cause d'une polarité *psychique*, enfin *verbale*, par la communauté de plan fondamentale entre notre système nerveux et les organismes, ou phénomènes extérieurs. — D'où l'explication, la justification de notre *Tableau d'épithètes*, et l'assimilation du *Schéma de polarité* au procédé suivi par la Nature, quand, hors de nous ou dans nous, — elle veut réaliser l'Idéal.

APPENDICE. — Extension de la méthode ici résumée, au delà des frontières du *beau*, de l'« Esthétique », — sur les domaines de la *Morale*, de la *Logique*, — le domaine du *bien*, celui du *vrai*. — Son application possible aux sciences *normatives*, d'abord, — puis aux sciences purement *expérimentales*. — Nouvelle forme d'exposition pour la Cosmographie, la Géographie, la Physique et la Chimie, la Géologie, l'Histoire naturelle des corps inertes et celle des corps vivants, l'Anthropologie, les Mathématiques, l'Histoire, la Science du langage ; — enfin les Arts utilitaires et la Pédagogie. — Innovation d'un enseignement harmonique, — où, sous ce titre : EURYTHMIE, viendraient se grouper tous les faits scientifiques, séparément stériles, et qui, rassemblés, restitueraient le sens de l'*Harmonie* dans la Nature, l'Œuvre d'Art et la Vie.

des Conférences faites par l'auteur en l'année 1895

SUR

L'HISTOIRE ESTHÉTIQUE DE LA NATURE

« Natura artis magistra. »

J'inaugure, en ces conférences, un mode nouveau d'Esthétique. Et d'abord ce n'est point de l'*Art* que je veux parler en premier, mais bien de la *Nature*, cette « maîtresse de l'Art », suivant Bacon.

La « *belle Nature* », — dit-on d'instinct, comme on dit le « *bon Dieu* », texte immense et profond livré, dès l'origine, aux commentaires de l'homme. Et celui-ci commente de deux façons très diverses : les champs, les bois, les prés, les eaux, les ciels et les montagnes sont vus, par le savant, en phénomènes, dont il est curieux de scruter les rapports et les lois : l'artiste y perçoit des beautés qu'il tâche de redire aux autres en tableaux, poëmes, mélodies. C'est, en somme, un livre profond, avec des illustrations attachantes. Par malheur les déchiffreurs du texte font peu d'attention aux figures ; — et, de leur côté, les amateurs d'images s'avisent assez peu de jeter les yeux sur la lettre. Ainsi voyons-nous face à face, en ce siècle de tout progrès, une Science de plus en plus positive, et se gardant de l'*Emotion*, — un Art de plus en plus fantaisiste et dédaigneux de la *Notion*. — Mais l'Esthétique est là pour souder l'*émotion* des choses à leur *notion*. *Savoir ce qu'on admire, admirer ce qu'on sait*, telle est sa devise.

Les marges du Livre de Nature s'encombrent effrayamment de notes artistes et savantes. D'un doigt résolu, nous effacerons toute cette écriture parasite, et laisserons parler seul le texte original. La nature s'offrira *telle qu'elle est*, ni documentaire, ni suggestive à part, — et dans son immédiate et réelle unité. Dieu n'a pas fait deux ciels : un pour les astronomes, un autre pour les poëtes. La même touffe de fleurs est à la fois leçon de botanique, et plaisir des yeux, des narines. C'est une infériorité de l'esprit qui nous fait changer de point de vue, quand nous passons de l'exercice scientifique au poétique et réciproquement. Il est temps que ce préjugé disparaisse, et c'est pour y parer dans la mesure de nos forces, que nous inaugurons ces nouveaux exercices.

PREMIÈRE CONFÉRENCE, Jeudi 21 Février.

La triple vision successive de la Nature, dans l'histoire : *mystique, scientifique, artistique.* — Un quatrième point de vue : la vision « *esthétique* ». — En quoi je la fais consister. — Cumul, dans la Nature, des fonctions *suggestives* ou *décoratives*, avec les fonctions *vitales, organiques.* Utilitarisme et beauté. — Une visite esthétique au Museum d'histoire naturelle. — Bifurcation de la Science et de la Poésie. Contraste avec l'unité de la Nature. — Léonard de Vinci, artiste et savant. Bénéfice d'une vue d'ensemble. — Idée d'une science harmonique. L'instrumentation des phénomènes naturels et leur orchestration, « *Eurythmie* ». — Plan des conférences à venir.

L'Esthétique du FEU. — Définitions mystique, scientifique, artistique du *feu.* — Le « feu-lumière » et le « feu-foyer ». — Signalement esthétique de la flamme, sa couleur, son mouvement, sa forme. Individualisation plastique ébauchée. — Mesure abstraite théorique, mesure pratique et concrète. — Rythme de qualités, rythmes de lignes et de couleurs. Harmonies figurées, harmonies propres de la flamme. — La fumée, sa connexion avec la flamme. Anatomie comparée de la spirale, et de l'hélice. De la force à l'être vivant, du corps vivant à l'œuvre d'art. Tourbillon, coquillage, escalier à vis et torsade. — Feux vifs et feux tranquilles. Les constellations, l'aurore boréale et l'éclair. — Le « feu central » et ses autels. — Le feu imitatif ou symbolique dans l'Art. Raphaël, Dante, Wagner. — Le feu destructeur ou bienfaiteur dans notre vie. Les litanies du Feu.

DEUXIÈME CONFÉRENCE, Jeudi 28 Février.

L'Esthétique de l'EAU. — L'eau définie mystiquement, scientifiquement, artistiquement. — Les trois vêtements de l'eau, le *diaphane*, l'*onduleux*, le *symétrique* : Vapeur, Onde et Cristal. — Signalement esthétique de chacun. Couleur, mouvement, forme. — L'onde liquide, modèle agrandi, manifeste de l'onde pseudonyme qui s'appelle pour nous température ou lumière, électricité, sonorité. Représentation concrète en les *vagues*, des faits de réflexion, de réfraction, de polarisation, d'interférence. La « vision » du physicien Faraday. — Mesure et rythme, au propre comme au figuré, dans les eaux ; leurs *harmonies* « qualitatives » et « plastiques ». — L'eau qui monte, l'eau qui descend, l'eau qui s'étale, l'eau qui plane. — Plastique et Morphologie comparée des nuages. — Leur dynamique. Ondulations atmosphériques, interférences, dissonances. — Essai d'une météorologie « harmonique ». — Tourbillons aériens et tourbillons liquides. — L'eau *gemmée*. Fleurs de neige, arborisations de la glace. L'angle idéal et les architectures ultérieures, — Plumules cristallines. Le fait de « self-répétition » en la Nature. — Rôle de l'*Eau* dans les Beaux-Arts. L'estacade de Ruysdaël, ses cascades, ses ciels. — La vague de Courbet. — Les tableaux de mer de Loti. — La peinture musicale de l'Eau : Beethoven. — Les Litanies de l'Onde.

TROISIÈME CONFÉRENCE, Jeudi 7 Mars.

Esthétique de l'AIR. Ciels et Météores.—Les Mythes du domaine aérien, sa science et sa poésie. — La transfiguration polychrôme de l'atmosphère. — Ciels de jour et ciels de nuit. L'*Azur* et le *Noir*. — Optique et Météorologie. L'instrumentation lumineuse, ou du Clair-obscur. La peinture des terrains et des eaux. Procédé naturel et procédé Lippmann. — L'onde aérienne, ses allures ; ses orientations et ses formes. Métrique et Prosodie du Vent. Les cimes de la forêt, cordes vibrantes sous l'archet, tuyaux résonnateurs éoliens. — Mariages de l'air, de l'onde et du feu. Une force anonyme ne se révélant que par ses effets. Les anémomètres artistiques : navires, moulins, drapeaux. — Fantasmagorie aérienne. Météores aériens, aqueux, ignés. Leur unité fondamentale. — Arc-en-ciel, halos, parhélies. Rythmes de forme et de couleur. — La Nature dessinatrice : spectres, *fata morgana*. — L' « air » et le jour dans les tableaux. — Claude Lorrain, Français, Daubigny, Corot, Millet, Claude Monet. — La tempête, en musique et en poésie, citations. — Le « calme de la Mer » de Beethoven. — Litanies harmoniques du vent.

QUATRIÈME CONFÉRENCE, Jeudi 14 Mars.

Esthétique de la TERRE. Histoire des architectures naturelles. — Mythologie du sol ; les aspects de *Cybèle*, et sa population fabuleuse : faunes, satyres, dryades, aegipans... Dieux des cavernes, des futaies, des prés, des landes et des champs. — Lutins, gnômes et fées, kobolds et fadets. — Aspect scientifique de la terre ; paysages vus par un géologue. La terre au regard de l'artiste. Définitions du peintre, du sculpteur, du poète, du musicien. — Point de vue d'une esthétique « harmonique ». Instrumentation des terrains. — Mélodies, harmonies plastiques. Rythme, mesure et « mouvement ». Emploi de la méthode *signalétique* et *mensuratrice*. Valeur *abstraite*, et valeur *concrète* du site. — La Métrique et la Prosodie du relief. Longueur de phase, amplitude et profil de l'onde tellurique. — L'individu-montagne.— Réflexion, réfraction, polarisation, interférences sismiques. — Mariages d'eaux et de terrains, unions de terrains et de ciels. — Les « Simulations naturelles », fissures et fleurs-de-glace. Les Alpes pennines. — La limite entre la terre et l'eau. Rythme des contours géographiques. — Symétries, alternances, formes complémentaires. — De la Mappemonde à la Sphère. Rythme de la planète. Polarité d'ensemble et polarité de détail. Souvenirs du réseau pentagonal. — Les vraies « lignes de force » du globe terrestre. — Regard rétrospectif sur le *feu*, l'*onde*, et les tourbillons aériens. — Pressentiment d'une synthèse des faits et des lois naturelles. — Les aspects de la terre devant l'Art. Le paysage, un état d'âme. La montagne et le val en tableau, en poème, en musique. — Ruysdaël, Michelet, Beethoven. — Le « *Désert* » de Félicien David. Le poème de la glèbe et Zola. — Litanies à Cybèle.

CINQUIÈME CONFÉRENCE, Jeudi 21 Mars.

Esthétique de la FLORE. — Tissage et broderie naturelle. La Mythologie des plantes. — Botanique et « langage des fleurs ». La fleur des amoureux elle-même un nid d'amoureux. — Définitions respectives du mystique, du botaniste, du médecin, de l'horticulteur et du peintre. Diversité des spectateurs, unité du spectacle. — Vision simultanée de l'esthète. Classification scientifique et classification esthétique. Adaptation et « caractère », Sélection et « beauté ». — Arbres, herbes, « rampants », « ascendants », volubiles. — Individualisme ou collectivisme végétal ? — Fleurs carnivores et Zoophytes ; Polype et Sensitive. Symétrie, polarité, rythme, harmonie chez la plante. — Application à l'individu végétal du critérium, innové par moi, « *des extrêmes et des moyens* ». — Double portée, morale et physique, de ce critérium. — Idéal de la *qualité* toute abstraite, (forme, coloris, orientation, parfum). Idéal de la *grandeur*, et de la *proportion* plastique. — Axe de croissance successive, axe de croissance simultanée. — Feuilles en plume et feuilles en palme. — Type rayonné, type bilatéral, type composite. Fleurs en étoile, en croix, fleurs en lèvres, en casque, fleurs en rosace (inflorescence). L'œillet, la sauge, la marguerite. — Fleurs excentriques : l'orchidée. — Vieille flore et jeune flore. — Rythme « plastique » dans le règne végétal. L'alternance des verticilles et le mouvement spiral générateur. — Toutes les plantes sont volubiles ; ce sont des flammes ou des fumées concrètes, des spires liquides solidifiés, des tourbillons laissant leur trace en l'espace. La spire génératrice dans l'individu, chez la race. — Les mouvements rythmés dans la plante ; Sainfoin oscillant, Oscillaires. — Métrique et Prosodie végétales. Les lois du vers en Botanique. Rythme trochéique du « *Philodendron* », — dactylique de l' « *Alisma* ». — Harmonies de formes et de tons. L'instrumentation des écorces, des bois, des feuillages et des corolles. — Orchestration de la forêt, de la prairie, des pentes montagneuses, des marges fluviales. Géographie botanique « expressive ». — La flore ornementale. Botanique des cathédrales. Rose gothique et Cépée calcaire. Nef et futaie. — Les poëtes et les musiciens de la rose. — Pourquoi la musique de Beethoven évoque des paysages. — Litanies chantées à la Fleur.

SIXIÈME CONFÉRENCE, Jeudi 28 Mars

Esthétique de la FAUNE. — Sculpture naturelle et modelage des corps vivants. — Mythologie zoologique. Les dieux faits à l'image de la brute : Anubis, Isis, le bœuf Apis, Typhon. Aspect esthétique du symbole. Profit pour l'Art. — Classification esthétique des formes animales : trois types essentiels de structure : l'*étoilé* (ou rayonnant), le *penné* (bi-latéral), le *turbiné* (asymétrique). — Polype, Ver, Insecte, Crustacé, Mollusque, Poisson, Serpent, Tortue, Lézard, Batracien, Oiseau, Marsupial, Jumenté, Proboscidien, Carnivore, Rongeur, Insectivore, Chéiroptère, Singe. — Deux éléments à étudier, ici : l'expression de la forme en soi ; l'expression physionomique. — L'individualisation achevée de la forme. — Signalement et Mensuration de chaque type énuméré. — Mesure des *caractères* et mesure des *proportions*. — Symétrie, polarité, — rythme,

harmonie chez l'animal. — Seconde application du système de gradua-
tion ou des *gammes*, d'où ressort le critérium des *extrêmes et des moyens*.
— Lois de *Péjoratisme liminaire*, d'*Indifférence mitoyenne*, et de *Contraste latéral*. Contraste « successif », alternatif, ou simultané. — Idéal
de *degré*, idéal d'*intervalle* ou de rapport entre degrés. — Transition
naturelle des lois de *Pondération* aux lois d'*Harmonie*, — Harmonies de
nature abstraite, celles des *degrés de qualité*. — Harmonies de nature
concrète, ou de *degrés d'accroissement* dans l'espace. — La spirale génératrice végétale et son aléa chez les animaux. — Ses traces organiques
et ses traces physiologiques. — Ressouvenir des plantes ou des coquil-
lages volubiles, *dextres* ou *senestres*. Droitiers et gauchers. — Les mouvements automatiques de manège. — Les effets nerveux croisés, et le
schéma des orientations de la force. — La symétrie du corps n'est qu'une
alternance masquée. — Loi d'accélération de la métagénèse. — Esquisse
du développement embryonnaire, au point de vue de l'Esthétique. De
l'œuf au type spécifique adulte. Comment le « divers » sort de l'un. —
Comment le beau sort de l'affreux. — Rythme plastique, son succès
ou son insuccès. Eumorphose, Tératomorphose. — Influence de la pensée ; le système nerveux organisateur de la forme. — Théorie de l'Eu-
RYTHMIE. — La question de laideur normale. — *Adaptation* et « Caractère », Sélection et « Beauté ». — Parallèle du développement de l'*individu* et du développement de la *race*. — « L'arbre généalogique »
n'est pas qu'une figure. — La valeur de l'adaptation, et la valeur hié-
rarchique du *milieu*, ou de la *fonction*. Valeur esthétique *relative*, et
valeur esthétique *absolue* — L'animal captif, isolé, et les détails de
l'instrumentation. La faune « orchestrée » comme la flore, et nous
restituant l'harmonie. — L'animal ornement. Faune des cathédrales. — Les bêtes symboliques. Le « lion de Lucerne ». — Voix animales en musique. Le « chant de la caille », et la symphonie pastorale.
— Une remarque inédite : la régression de l'Idéal dans le progrès de la
Flore à la *Faune*. Perte sensorielle et gain psychique.

SEPTIÈME CONFÉRENCE, Jeudi 4 Avril.

Esthétique du Type Humain. — Elle comporte cette fois trois éléments expressifs : forme plastique et mouvement — physionomie —
aspect moral. L'homme fait à l'image de Dieu ; les dieux faits à l'i-
mage de l'homme. — Exemples d'anthropomorphisme artistique ; l'A-
pollon du Belvédère, l'Hercule Farnèse, les Vénus, etc. — Le « Père éternel » et le Christ, caractères traditionnels. — Définition mystique,
artistique et scientifique de l'homme. — Conciliation par l'Esthétique.
— Classification *anthropologique* et classification *esthétique* des variétés
du type humain. — Resserrement, ici, des limites de l'idéal. — Le nègre,
le mongol, l'iranien, le slave, le teuton, le saxon, le celte, l'ibère, le
gaulois. — Différences de *race*, différence de *sexe*, différences d'*âge*.
Le sexe féminin est-il appelé justement le « beau sexe » ? — Parallèle,
en un visage de femme, de la fonction « décorative » avec la fonction

organique. — Les yeux « *miroir de l'âme* », en même temps qu'appareil optique. — Le comble de beauté dans le nivellement des adaptations trop spéciales. Idéal et généralisation. — L'enfant, l'adulte, le vieillard, caractères spécifiques, laideurs et beautés. — L'Esthétique du port, de l'attitude, de la physionomie. Gamme de gestes et de jeux physionomiques. Les schémas du *rire* et du *pleur* : spectre des attractions, et des répulsions « esthétiques ». — Charme et fascination, reflexes impulsifs, ou d'arrêt. — Théorie magnétique de l'amour. Lien de l'*amour* avec l'*admiration*. — Beauté, laideur physiques. Beauté, laideur morales. — L'homme à la fois point-terminus de la Création, et point de départ de l'Art. L'homme peintre de l'homme sur la toile, et dans le roman. Portrait ampoulé, portrait mièvre, portrait enlaidi ou flatté. — L'Homme sans la nature, aberration du 17e siècle. — La rencontre de l'homme et de la Nature, dans le roman, le drame, la musique moderne. — L'intérêt principal de l'Homme, moins en lui-même, qu'en ses œuvres. Conception harmonique de l'Humanité, de la Vie Sociale.

PROGRAMME PITTORESQUE

DES

CONFÉRENCES PÉRIPATÉTICIENNES

INAUGURÉES PAR L'AUTEUR

et qui se donneront à l'extérieur, soit dans la Nature,
soit aux Monuments, aux Musées.

I. VISITE A LA NATURE
(Esthétique du paysage)

La Nature est un beau Missel, plein de Dieu, où l'on s'est déshabitué de chercher les hymnes, les prières... Les artistes, eux, laissent le texte comme illisible ; ils n'ont d'yeux que pour les enluminures ; les savants, dédaignant l'image, se soucient purement de déchiffrer le texte. — Et pourtant, lettres et figures ne font qu'*un* livre : livre homogène, indivisible, où la forme et le fond, la Science et la Poésie, la Sagesse et le Génie divin s'entrelacent en une harmonie. Notre Esthétique est l'effort pour ressaisir cette harmonie, et la livrer aux admirations.

Comparer le site au décor, comme on y prend tant d'amateurs, c'est rabaisser la nature, car rien n'y est comme en nos théâtres, ou notre Art, mensonge et « trompe-l'œil ». Les surfaces n'y recouvrent pas un vide ; même elles ne sont que l'expansion, visible et manifeste, d'une force ou d'une vie profonde, — la limitation extérieure d'un organisme stratifié. Non, Dieu n'a point fait son œuvre de placages. L'arc idéal et pur que le soleil tend sur l'averse, en sept couleurs parallèles est autre chose, et plus qu'un coup de pinceau sur une toile : c'est une gamme vivante de vibrations au travers du prisme aérien. Ce pré vert émeraude plaqué de taches d'ombre , et diapré de corolles, c'est une élection de lumière opérée par chaque sorte de trame organique. Ce pan de roche bleue, c'est l'épiderme de la Terre ; ce miroir argenté du lac est la tranche ultime d'une eau profonde et féconde. — Pense-t-on, l'été, quand on rêve sous les berceaux, que ces jolies palmes étalées que nous appelons *feuilles*, sont en somme l'équivalent des branchies, des poumons animaux ? — La fleur en verticille qu'effeuillent les amoureux, est elle-même un nid d'amoureux. Sur la nature délicate des fonctions est ici jeté un voile de grâce ingénue et chaste. — Ces élégants papillons bleus, avant de s'essaimer en l'espace, azur sur azur, étaient chenilles brunes sur la terre brune. — Profanation ! diront les dilettantes. — Mais c'est la faute de la vérité, il faut s'en prendre au vrai. Nous, loin de vouloir cacher ces épures, et ces embryons de la beauté, nous les produirons au grand jour, comme argument de la beauté. La forme plastique est une patricienne qui se fait tort en reniant sa mère paysanne. Il est une splendeur morale dans l'ascendance obscure et fruste de la plus jalouse noblesse ; et l'élégance des contours n'a pas à rougir des poussées de chair et des proliférations de cellules qui l'ont réalisée, dont le rythme l'a faite ce qu'elle est.

Ainsi la nature veut-elle être comprise, en Unité vivante, intégrale, telle que Dieu l'a faite et conçue. Ce que le physicien, ou l'artiste, à part, en connaît, ce n'est pas la Nature, ce sont les membres épars, et mutilés, de la Nature.

II. VISITE AU MUSÉUM D'HISTOIRE NATURELLE
(Esthétique du règne animal)

Le « Jardin des Plantes » n'est pas fait seulement, comme on croit, pour les études des savants, ou la distraction des promeneurs. C'est un admirable et profond musée de formes, de couleurs, de gestes, d'attitudes, où tous les problèmes esthétiques d'*expression*, de *goût*, de *caractère*, de *beauté*, se posent sous une forme originale, ingénue. Le masque tragique, ou comique, est ici porté, sur ce théâtre libre, par des acteurs inconscients, qui ne sont préoccupés que de vivre, et posent devant nous, semble-t-il, avec un succès de puissance ou de grâce, de frayeur ou d'hilarité. — Chez ces lions aux airs de monarques, ces éléphants philosophes, ces ours fourrés et bourrus, ces gazelles vives, féminines ; chez ces perroquets susceptibles et jaseurs, ces serpents lents et sinistres, ces crocodiles à l'immobilité de pierre, ces ibis roses qui paraissent refléter un éternel lever de soleil, — il reste à montrer l'effet plastique et la « physionomie » résultant d'un concert de fonctions vitales, harmoniques. — Une « *suite à Darwin* » trouvera là son exposition opportune, et le professeur fera lire, en ces traces d'*Adaptation*, de *Sélection*, de *Balancement organique*, et de *Concurrence vitale*, — les premiers mots d'une science qui fonde l'expression sur la *vie*, la laideur, ou beauté, sur des accords ou des dissonances de lignes.

J'ai prononcé le mot *laideur*. Le « laid » se trouve-t-il donc aussi dans la Nature ? On dit pourtant la « *Belle Nature* », comme on dit couramment, le « *Bon Dieu* »... — Je ne sais... ; mais en tout cas, c'est un « laid » toujours plus ou moins relatif. Le chameau courant dans ses sables, au désert, est-ce bien le triste bossu du *Muséum* ? — Croyez-vous la girafe aussi gauche, en son hyperbolique encolure, lorsqu'en troupe, elle va broutant les millets d'Afrique haussés à sa taille ? — L'ara, sur son perchoir, enchaîné, solitaire et maussade, donne l'amusement d'une *chair* vigoureusement enluminée. Mais figurez-vous la beauté d'un essaim de ces perroquets, mettant, sur l'unisson vert d'une futaie vierge d'Amérique, des taches de duvet écarlate, orange et lapis...

Je montrerai, dans l'ensemble *plastique* des formes naturelles, un orchestre total, harmonieux. Chaque timbre, en soi-même, a moins de « beauté », que de « *caractère* ». — Le hautbois seul est nasillard, le cor prolongé, trop pesant; seule, la contrebasse est sourde : seul, le trombone, strident. L'art d'instrumentatation fond ces sonorités en effet résultant où les extrêmes se tempèrent, et qui restitue l'harmonie. Ainsi, pour juger la Nature, prenez-la de loin et de haut, n'écoutez que l'effet d'ensemble.

III. VISITE A NOTRE-DAME
(Esthétique de l'Architecture)

Qu'est-ce qu'une cathédrale ? — Une maison de prière. Mais une maison si belle en soi, si haute et vaste, et magnifique, que ceux-mêmes qui n'en usent point sont jaloux de la conserver. Encore faut-il avouer que ce culte *laïque* est, à son tour, bien platonique. On entre un instant sous ses voûtes, on arpente ses nefs, ses collatéraux ; les yeux mesurent, étonnés, l'élan prestigieux des piliers, la svelte envolée des colonnettes ; le regard se baigne dans la flamme des rosaces ; et l'admiration se dépense, d'un coup, en des épithètes générales. C'est beau, merveilleux, surprenant ; cela porte au ciel, ravit l'âme... Puis vient ce malaise vague de l'Idéal frôlé, non possédé, qui donne au visiteur une impatience d'« en dehors », le repousse sur la place publique, dans la vie laide, mais qui rassure. — Il a eu l'éblouissement de l'Art, il n'en a pas subi le charme.— C'est que, dans ce vaisseau, qui fait un effet d'unité, de chose belle et simple comme la lumière, il est tout un monde latent, complexe et patient comme le cristal précieux dans sa gangue ; — un prisme de couleurs inépuisable, — une instrumentation de sonorités infinies. Avec son plafond de nervures en mains jointes et croisées, ses parois ajourées d'ogives et de trèfles, ses cépées calcaires de colonnettes en faisceaux, ses balustrades aériennes, son fenestrage polychrome étincelant, diaphane, — la cathédrale n'est pas seulement une preuve d'Art et de Religion, concluante ou persuasive ; — c'est, comme on l'a dit pour la musique de Beethoven, une révélation des lois de l'univers. Exclusivement *technique*, *archéologique*, *mystique* ou *sentimentale*, la critique serait ici passible du reproche d'étroitesse. La cathédrale n'est ni problème de statique, ni lieu de culte public, ni élan vers Dieu, ni aspiration à l'Idéal : *elle est à la fois tout cela*. Quand nous la contemplons, les idées d'équilibre et de solidité, d'ordonnance vaste et commode, se mêlent aux idées de foi, d'amour divin, de terreur ou de rassérènement mystique ; le plaisir immédiat d'un œil que satisfait le rythme des lignes s'amplifie d'un contentement des facultés logiques et des aspirations religieuses. A l'audition confuse de cet orchestre trop puissant, l'Esthétique, telle que nous la voulons, fera succéder la perception nette de chaque timbre, de chaque accord. Et l'on peut pressentir que la symphonie des pierres taillées, faite au diapason de Jésus crucifié, chantera aussi, par son rythme et ses proportions organiques, Jéhovah, l'éternel Géomètre.

IV. VISITE AU LOUVRE
(Esthétique de la Peinture)

Les tableaux sont à la fois des images dont le profane s'amuse, — ou

s'ennuie ; et des preuves d'art qui passionnent le connaisseur, ou le révol-
tent. Il ne manque pas de démonstrateurs pour leur *sujet*, leur historique,
pour les techniques du métier. Il n'en est point pour l'*Esthétique*. J'entends une Esthétique à la fois profonde et topique, qui s'occupe moins de
la date de l'œuvre, de son école, de sa genèse sociale, individuelle, que
des lois intimes qu'elle manifeste, en soi, qui font sa valeur essentielle,
et son intérêt supérieur. Dans la *Joconde* de Vinci, dans les *Pèlerins
d'Emmaüs* de Rembrandt, dans l'*Assomption* de Murillo, sont résolus
des problèmes de torme, de clair-obscur et de couleur, sur lesquels la
critique n'a fait jusqu'ici que superposer de la littérature. Et pourtant
ces tableaux sont des phénomènes, qui doivent être étudiés en phénomènes ; au-dessus de la Nature,— puisqu'ici l'Esprit intervient,— ils ne
sont pas en dehors de la Nature. L'Esprit complique et rehausse le fait,
mais dans ses « créations », il ne fait qu'ajouter des lois à d'autres lois.
A la logique du monde tel qu'il *est*, s'ajoute celle du monde *tel qu'il doit
être vu de nos yeux.* — Or notre Esthétique a pour but de rechercher ces
lois, de mettre en relief cette double logique. Pourquoi cette toile est
chef-d'œuvre ? — Parce que l'esprit qui sait voir y perçoit de fines symétries, des compléments subtils, des convenances numériques à la fois
complexes et suggestives d'unité, — toute une science voilée sous la magie
des teintes et des lignes ; et qui, composant la beauté, — doit être
retrouvée pour édifier le goût.

V. VISITE AUX « ARTS-ET-MÉTIERS »
(Esthétique du Mouvement et de la Force)

Un philosophe contemporain, M. Souriau, a composé tout un volume
sur l'Esthétique du mouvement. C'est là un bon ouvrage et une « bonne
œuvre ». Les préjugés mondains mettent trop l'esthétique en la délecta-
tion enfantine et superficielle du *joli*. Mais comme le devoir, obscur et
fruste, dresse cette fleur parfumée : la conscience du *bien*, — la conscience du *beau* est le rayonnement qui termine un effort sérieux de l'esprit. Et déjà l'*objet beau*, lui-même, est comme le prix glorieux et manifeste d'un labeur profond de l'énergie.

Ce labeur, multiple d'aspect, revient toujours au mouvement. Libre et
fugace, ne laissant point de trace après lui, ce mouvement déroule les
flots sur la grève, lève le sable en tourbillons, impose aux corps vivants
leur attitude fugitive. — Groupant la matière et la pétrissant en ces
moules qu'on nomme *espèces*, il réalise un tout persistant, sinon définitif. — Infinitésimal et d'allure vertigineuse, il crée pour nos yeux, la
lumière, et pour nos oreilles, le son. Ce dernier, je le qualifie d'*anonyme*
ou de *transfiguré* ; car on jouit de l'œuvre, ici, sans apercevoir l'ouvrier,
et l'incolore vibration du dehors s'avive en dedans de nous, des teintes
de l'iris, ou des tons variés de la gamme.

Ce mouvement, actuel ou passé, qui travaille à forger tout ce que nous
appelons *beau*, vous n'en pouvez toujours saisir l'amplitude, et le rythme.
Or, dans ce rendez-vous de forces assouplies, embauchées au service de

l'homme, qu'on appelle un « *Musée d'Arts industriels* », — toutes les
variétés d'*allure*, d'*ampleur*, de *rythme* et de *direction*, sont représentées
sous un aspect à la fois élémentaire et perfectionné. — Je n'insiste pas
ici sur le produit qu'on appelle aussi « *Œuvre d'Art* », je signale à votre
attention l'*engin* instrumental, facteur de ce produit. La Mécanique est,
certes, une beauté, quand on y voit une *instrumentation*, presque musicale, dont la perfection retentit sur le cachet *harmonieux* de l'ouvrage...
Mais déjà, le seul spectacle de ces volants décrivant leur circulaire orbite,
de ces bielles faisant leur geste alternatif, de ces courroies de transmis-
sion, de ces vis d'Archimède, etc., — ce spectacle est une leçon d'histoire
de la beauté. Car toute beauté, vitale, organique ou technique, est une
résultante de forces, harmoniquement concertées, suivant rythme et
mesure.

VI. ANNEXE AUX LEÇONS PÉRIPATÉTICIENNES. — CONFÉRENCE SUR LA MUSIQUE.

(Esthétique du *Son*)

Quand la Nature, en liberté, nous aura montré ses ciels, ses terrains et
ses eaux, que sa flore et sa faune, captées dans nos muséums, auront détaillé
leurs épisodes de vie, — que l'Art, à son tour, ouvrant les nefs des cathédrales, déroulant ses toiles colorées, offrant ses marbres sculptés, aura
recommencé pour ainsi dire la création plastique, — lorsqu'enfin nous
aurons saisi dans l'engin mécanique, utilitaire, un aspect démonstratif,
amplifié des énergies rythmées de la Nature, — le cycle de beauté ne sera
point clos. Couleurs, formes, mouvements, — la part de l'*œil* est faite, et
nous tendons l'*oreille*, alors, au profil sonore de l'Idéal. — Déjà dans nos
excursions à travers la Nature, elle a saisi, l'oreille, de certaines rumeurs,
des frémissements quasi-mélodieux, un pressentiment de musique... Les
vagues d'océan bruissant sur le galet, la brise faisant chanter les cimes,
la résonance éolienne des fils haut tendus, — c'était le prélude confus de
la Polyphonie vocale, instrumentale. — Les conférences péripatéticiennes
que j'innove doivent avoir pour complément une séance intérieure, où la
Musique aura son tour... La Musique, cette *lune de l'Art*, a dit V. Hugo. —
Pourquoi ? — Par la douce et rêveuse lumière qu'elle projette sur toutes
les faces de l'esprit, et qui *suggère* plus les objets, qu'elle ne les indi-
que.

Mais, cette imprécise clarté jaillit d'un astre défini, monnoyant l'or du
Soleil en bel et pur argent, — nous restituant la vie, le mouvement plastique en figures plus générales et comme en fantômes logiques. L'orbite
musical, que les Grecs unifiaient avec l'astronomique, est encore un
aspect du *Rythme*, de la *Mesure* et de l'universelle *Harmonie*. Et c'est
l'aspect le plus immatériel et le plus immédiat à l'âme. L'ordre complexe
du Cosmos, dont les autres Arts ne nous donnent qu'un aperçu
fragmentaire, revêt, en celui-ci, son aspect intégral. C'est la blancheur
unie du « Beau », abstrait de ses espèces et de ses divisions visibles. L'in-

terprétation esthétique de poèmes sonores tels que la *Symphonie pastorale*, ou l'*Héroïque*, — ou chacune des sept autres, — innommées parce qu'elles sont indicibles, vous rendra clair, peu à peu, ce mot de Beethoven : que la Musique est l'introduction corporelle au Savoir transcendant des choses.

Toute demande de renseignements au sujet du *lieu* et de la *date* des Conférences, devra être adressée à l'auteur, *12, Boulevard Montparnasse* (Square du Croisic, 2 bis), à Paris.